단디 사랑

단디 사랑

초판 1쇄 인쇄일 _ 2009년 10월 5일
초판 1쇄 발행일 _ 2009년 10월 11일

지은이 _ 김경식
펴낸이 _ 최길주

펴낸곳 _ 도서출판 BG북갤러리
등록일자 _ 2003년 11월 5일(제318-2003-00130호)
주소 _ 서울시 영등포구 여의도동 14-5 아크로폴리스 406호
전화 _ 02)761-7005(代) | 팩스 _ 02)761-7995
홈페이지 _ http://www.bookgallery.co.kr
E-mail _ cgjpower@yahoo.co.kr

ⓒ 김경식, 2009

값 6,500원

* 저자와 협의에 의해 인지는 생략합니다.
* 잘못된 책은 바꾸어 드립니다.

ISBN 978-89-91177-89-5 03810

단디 사랑

김경식

북갤러리

시인의 말

사랑할 시간은
현재뿐

바로 지금이
내가 꿈꿔왔던 모습이다

가장 중요한 것은
사랑

가장 가치있는 것도
사랑

지금
타오르는 사랑보다
중요한 것은 없다

가장 좋은 날은
바로 오늘

오직
보석 같은 영혼만이 사랑한다

오직
순수한 영혼만이 사랑한다

낮아지는 사랑은 섬기는 사랑
희생하는 사랑은 죽는 사랑

차디찬 겨울을 견디지 못한 보리는
열매를 맺을 수 없듯이

눈물과 피땀어린 고통을

견디지 못한 사랑은
한 순간이라도 내 것이 아니다

얼어붙은 땅을 뚫고
거칠게 몰아치는 비바람과
온 세상이 타는 듯한 가뭄을
이겨냈기 때문에

그윽한 향기를 뿜는 인생이
아름다운 열매를 맺는다

인생은
누구의 것이 아니라
모든 것이 나로부터 비롯된 나의 것이다

내 몸의 영혼이 주인 노릇해야

봄 같은 인생을 살 수 있다

내 생애에 최고의 행운은
그대를 만난 것이다

진정한 환희는
고통 다음에 오기 때문에

…….

2009년 여름
김경식

단디 사랑

차례

시인의 말 / 4

제1부 마라톤

마라톤 1 — 사랑하는 것이 분명한 것처럼 / 14

마라톤 2 — 섬 / 16

마라톤 3 — 달, 달무리 그리고 별 / 18

마라톤 4 — 예언자 / 20

마라톤 5 — 영화 촬영 / 22

마라톤 6 — 배홀림 사랑 / 24

마라톤 7 — 당신 덕분에 / 26

마라톤 8 — 길 위에서 춤추고 노래한다 / 28

마라톤 9 — 행복합니다 / 30

마라톤 10 — 스스로 선택한 고통 / 32

마라톤 11 — 흰나비 / 34

마라톤 12 — 복분자 / 36

마라톤 13 — 투스텝 댄스 / 38

마라톤 14 — 북소리 들린다 / 40

마라톤 15 — 강물 / 42

제2부 단디 사랑

단디 사랑 1 ― 하늘 산책 / 46

단디 사랑 2 ― 일몰 / 48

단디 사랑 3 ― 죄송합니다 / 49

단디 사랑 4 ― 나무꾼과 선녀 / 52

단디 사랑 5 ― 소리 문 열다 / 53

단디 사랑 6 ― 시간이 얼마 남지 않았다 / 54

단디 사랑 7 ― 사랑의 증거 / 56

단디 사랑 8 ― 다시는 철길로 다니지 않겠습니다 / 58

단디 사랑 9 ― 봄 만찬 / 60

단디 사랑 10 ― 행복한 사람 / 62

단디 사랑 11 ― 당신은 / 64

단디 사랑 12 ― 빈 둥지 1 / 66

단디 사랑 13 ― 시건 / 67

단디 사랑 14 ― 큰일났다 / 70

단디 사랑 15 ― 진심 / 72

단디 사랑 16 ― 매력적인 당신 / 74

단디 사랑 17 ― 전화 온 줄 모르고 / 76

단디 사랑 18 ― 첫사랑 고백 / 78

단디 사랑 19 ― 이야기 들려주는 여자 / 80

단디 사랑 20 ― 운명을 걸고 / 82

단디 사랑 21 ― 차이점 / 84

단디 사랑 22 ― 시골 장터 / 85

던디 사탕 23 ― 소꿉놀이 1 / 88

단디 사랑 24 ― 소꿉놀이 2 / 90

단디 사랑 25 – 진리 / 92
단디 사랑 26 – 당신만 여자로 보이니 어찌하겠습니까 / 94
단디 사랑 27 – 사모곡 / 96

제3부 산포에서

잃어버린 열쇠 / 102

달 / 103

접시는 붙는다 / 104

낙인 / 105

낙설 / 106

산포에서 / 108

4·19 공원 / 110

엉덩이를 필요로 하는 세상 / 111

철쭉꽃 / 112

오징어 / 114

조도 멸치 / 116

수탉소리 / 118

월악산 / 120

새싹 / 121

질투 / 122

처갓집 / 123

제4부 억새풀

사소한 것은 없다 / 126

물잠자리 / 128

고수 / 130

제자리 / 131

다행 / 132

기우 / 133

보스턴 장터 / 134

거미집 / 136

억새풀 / 138

허수아비 / 139

감성돔 / 140

모닥불 / 142

죽음 1 — 상가에서 / 144

죽음 2 — 화장터에서 / 146

죽음 3 — 말벌 / 148

빈 둥지 2 / 150

제1부
마라톤

마라톤 1
– 사랑하는 것이 분명한 것처럼

빈 하늘을
쉬지 않고
달린다

빈 들판을
걷지 않고
계속 달린다

당신을 보고 싶은 것이
분명한 것처럼

더 달리고 싶은 것이
분명한 것처럼

당신을 사랑하는 것이
분명한 것처럼

더 이상 달리지 않아도 될 때
내 다리가 네 다리인지

네 다리가 내 다리인지
도무지 모르겠다

더 이상 달리지 않아도 될 때
내 머리가 네 머리인지
네 머리가 내 머리인지
도무지 모르겠다.

마라톤 2
– 섬

흰 구름에
고개 내민
그믐 달빛에

은빛으로 반짝이는 갯벌은
찬란하다

금빛으로 반짝이는 바다는
장관이다

자연은 힘을 북돋워주는 신이다
신은 생명을 북돋워주는 자연이다

손이란 손은 다 잡고
소리란 소리는 다 질렀지

옷이란 옷은 다 벗고
춤이란 춤은 다 추었지

밝음이 어두움을 조금씩 밀어낼 때
안개를 헤치며 새로운 세계를 달린다

잠 못 이루는 밤
쪽빛 하늘 흰 구름은
사랑의 징표.

마라톤 3
– 달, 달무리 그리고 별

달은 그대의 영롱한 눈동자
눈동자를 들여다본 것은 기적

흰 구름이 빨려 들어가는 보라색 하늘에
붉고 노란 비취옥翡翠玉 목걸이
반짝이다가 눈 깜짝할 사이에 사라졌다

별은 옅은 홍색
사랑 하나

별은 옅은 녹색
사랑 둘

별은 옅은 청색
사랑 셋

별은 옅은 황색
사랑 넷

별은 옅은 자색
사랑 다섯

샛별처럼 빛나는
그대.

마라톤 4

— 예언자

사람들은
안됐다고 말한다

사람들은
말기암환자라고 말한다

사람들은
곧 죽을 사람이라고 말한다

사람들은
곧 유령이 될 것이라고 말한다

그렇다
곧 죽을 것이다

그렇다
곧 유령이 될 것이다

아마

30년쯤 뒤에

지금은
시원한 계곡에서 아침을 열며
매일 마라톤 하고

겨울산 정상에서 스키를 타며
매일 활강하고 있다.

마라톤 5
– 영화 촬영

공주님
행차다

난전 유과 장수
어디 갔나

나물전 고사리 장수
어디 갔나

어물전 간고등어 장수
어디 갔나

남정네들 부러워하고
길가의 백성들 환호하네

산자락 목련 활짝 웃자
일주문 사이 공주 미소짓네

산정호수 푸른 물가

붉게 물든 진달래
한아름 따다 바치는 나무꾼.

마라톤 6
― 배흘림 사랑

선녀탕에서
목욕하는
선녀

물미끄럼 타고
물장구치며
사랑 속삭이고

귀에 물 들어가면
바위에 엎드려
사랑 속삭이고

검은 배흘림 속옷
벗은 속옷

몸을 낮출수록
설레임 커지고
물 속에서 훔쳐보는
나무꾼

얼마나 사랑했으면
샛강 하나 사이 두고
사랑 오갔나

홍수 나도 걱정없겠다
봇물 터져도 걱정없겠다
다리 떨려도 걱정없겠다.

마라톤 7
― 당신 덕분에

새로 태어난다
당신 덕분에

바보가 된다
당신 덕분에

어린아이가 된다
당신 덕분에

태초의 인간이 된다
당신 덕분에

최후의 인간이 된다
당신 덕분에

영혼이 맑아진다
당신 덕분에

난생 처음

하고 싶은 것을 한다

난생 처음
벗고 누워 강수욕한다.

마라톤 8
- 길 위에서 춤추고 노래한다

검은 물잠자리가 물 속에서
짝짓기 하는 아침

길 없는 길 위에서
춤추고 노래한다

물 없는 물 위에서
춤추고 노래한다

삶 없는 삶 위에서
춤추고 노래한다

죽음 없는 죽음 위에서
춤추고 노래한다

— 오능교[1]
— 저라면[2] 건강에 얼마나 조응교

솔잎 사이로 불어오는

바람은 생명이다

구름이 조화를 부리는
하늘은 기쁨이다

일 다음에 오는
노을 진 에지렁날[3]은 장관이다

아무도 모르는
비밀을 간직한 채
알몸으로 강수욕한다

내가 길 위에서 춤추고 노래한다
길이 내 위에서 춤추고 노래한다.

---

[1] '오십니까'의 경상도 지방 사투리
[2] '저렇게 하면'의 경상도 지방 사투리
[3] '해거름 또는 해질녘, 땅거미질 무렵'의 경상도 경주 지방 사투리

마라톤 9
― 행복합니다

청바지를 입는 것보다
청바지를 입을 수 있다는 것만으로
행복합니다

스키를 타는 것보다
스키를 탈 수 있다는 것만으로
행복합니다

마라톤을 하는 것보다
마라톤을 할 수 있다는 것만으로
행복합니다

당신을 사랑하는 것보다
당신을 사랑할 수 있다는 것만으로
행복합니다

이미 내 마음에 들어와
자리잡은 당신

어떤 말을 해도
받아들이겠습니다

어떤 일이 있더라도
사랑할 것입니다.

마라톤 10
− 스스로 선택한 고통

만나지 못해서 괴로운 것은
스스로 선택한 고통이고

쉬지 않고 달리는 것도
스스로 선택한 고통이다

스스로 선택한 고통은
선택하기에 달렸다

나는 그대 속에 있고
그대는 내 속에 있다

사랑은
만트라*⁾ mantra

사랑합니다
아름답습니다

더 이상 달리지 않아도 될 때

강수욕한다

뜸북새소리 들리자
검은 장마 구름이
나그네처럼 지나간다.

---

*⁾ '신을 부르는 신성한 말'이라는 뜻의 불교·힌두교 진언眞言

마라톤 11
– 흰나비

욕망에서 벗어나
깨끗해질 수 있었으랴

썩어가는 냄새를 씻어버리고
향기 맡고 싶었으랴

앉은뱅이에서 일어나
춤추고 싶었으랴

질투하는 마음에서 벗어나
있는 그대로 볼 수 있었으랴

슬픔에서 벗어나
기뻐할 수 있었으랴

죽어가는 것에서 벗어나
활기차게 날아갈 수 있었으랴

낡은 것에서 벗어나

새로운 창조물이 될 수 있었으랴

지난밤 흰나비가 황토방에 찾아왔다
아침에 일어나 보니
대자리에 죽어 있었다

얼마나 기다렸던가
그대 오기를.

마라톤 12
– 복분자

전나무 사이로
아침 햇살 찬란하다

이른 강 송사리
떼지어 흩어지고

오솔길에 놀던 다람쥐
잣나무 위로 올라가네

강가에 놀던 까투리
산허리로 날아가고

곤달비 먹으러 온 노루
강 건너 절터로 달아나네

더덕 먹으러 온 멧돼지
산소를 파헤치고

전신주에 앉은 까마귀

고깃덩어리 던져주네

하늘을 나르는 산비둘기
비행하네

도라지 캐는 할아버지
쇠스랑 흔들고

부지깽이 나물 캐는 할머니
수줍어 고개 돌린다

사람이 소의 주인이 아니라
소가 사람의 주인이다

길섶에
복분자 무리 보니

아랫배 아프나는
님 생각 절로난다.

마라톤 13
– 투스텝 댄스

달리다 힘들 땐
주저앉고 싶으나

희망을 놓지 않는 한
완주할 수 있다

꿈에 그리던 너
평생 만나고 싶었다

달리는 순간
모든 것이 변한다

보석처럼 빛나는
호수가 반겨준다

바람이 달다
하늘이 웃는다

벌레소리 흥겹다

옹달샘은 생명이다

중천에 떠 있는 반달

저문 강물의 목욕은 상쾌하다

너는 나의 도플갱어*double goer

너는 나의 주술

너는 나의 중독

너는 나의 메타포

마라톤은

투스텝 댄스.

---

*¹⁾ '밝은 공간과 시간에서 자신과 똑같은 대상을 보는 현상'이라는 뜻이며, '이중으로 돌아다니는 사람'이라는 뜻의 독일어(원어명 : Doppelganger)

마라톤 14
– 북소리 들린다

먼 산등성이에서
북소리 들린다

두 발 가지런히 모으고 날아가는
학두룸

산허리로 날아가는
산비둘기

물에 젖어 사는
피라미

보랏빛 하늘은
몸이 가볍다

분홍빛 하늘을
단숨에 달려간다

사춘기는 울보

슬퍼도 눈물나고
기뻐도 눈물난다

당신의 아름다움이
낮잠을 설치게 한다

당신은 신비롭다
당신은 편안하다

현실이 꿈인지
꿈이 현실인지

사랑
말로 다 표현할 수 없는 것

사랑
눈으로 속삭인다.

마라톤 15
– 강물

작은 새들은 지저귀고
산비둘기는 깃털을 말린다

흘러 보낸 만큼 흘러들어
돌아갈 길 없는 길을 간다

바다를 연모하여
낮은 곳에서 더욱 낮은 곳으로
몸을 낮춘다

약한 것에나 강한 것에나
평등하게 흘러간다

흰 돛단배를 꿈꾸며
때를 씻어 알몸이 된다

춤추는 갈매기를 꿈꾸며
떠나온 곳으로는 돌아가지 않는다
강물은 비밀을 간직한 채

길 위에 길을 만든다

넘실대는 파도를 꿈꾸며
땅과 하늘 사이에 넘쳐흐른다

매화 향기 꿈꾸며
개똥지빠귀같이 흥분한다

떠오르는 눈부신 햇살을 꿈꾸며
반짝이며 부서진다

황혼을 꿈꾸며
다투지 않는다

떠오르는 달을 꿈꾸며
수줍어한다

떠있는 별을 꿈꾸며
밤새워 두런두런 얘기하잔다.

제2부
단디 사랑

단디 사랑 1
– 하늘 산책

성산 시루봉에
토끼 눈 찍다

하늘 아래 첫 동네
나무 사랑 찍다

하늘 아래 오솔길
황홀한 숨막힘

정지된 시간들
그리고
조그만 죽음들

대나무
귀대고 엿듣는다

겨울나무
귀대고 엿듣는다

성산에
가고 싶다

별빛 마을에
머무르고 싶다

그곳에
살고 싶다.

단디 사랑 2
- 일몰

섬 사이
석양은 바다를 누르고
석양빛은 바다에
금빛 불꽃을 꽂고

솔숲 위에
걸린 보름달
그대 얼굴 물들이네

그대 바라보는 내 마음
형형색색 황홀하여
업어주고 안아주고
어찌할 줄 모르네

두 손 모아 잠자는
갓 태어난 아기.

단디 사랑 3
— 죄송합니다

이렇게 갑자기
돌아가실 줄은 정말 몰랐습니다

유언도 없이
돌아가실 줄은 정말 몰랐습니다

두 번 숨쉬고
돌아가실 줄은 정말 몰랐습니다

언제까지나
기다릴 줄 알았습니다

반주 마시는 바람에
차로 모셔드리지 못했습니다

집 앞에서 기다릴 때
고개 숙이고 지나갔습니다

행선지를 알리지 않아

온 동네를 찾아다니게 했습니다

피해 도망다니며
귀찮아했습니다

선술집에서 끌려나올 때도
귀찮아했습니다

온 천지가 사랑인 줄 모르고
귀찮아했습니다

안개 자욱한 그리움을
귀찮아했습니다

- 엄마 돌아가시면
니가 제일 마이 울 끼다 -

- 엄마 돌아가시면
니 가슴 미어질 끼다 -

그것이 무슨 소리인지
그때는 몰랐습니다

지금
가슴 미어지게
통곡하고 있습니다

천하에 불효막심한 놈을
용서해 주십시오

어머니
죄송합니다

어머니
정말 죄송합니다.

단디 사랑 4
― 나무꾼과 선녀

선녀는
하늘에 올라가서
내려올 줄 모르고

나무꾼은
선녀를 등에 업고
내려오고

아침 안개는 선녀옷
하늘에 올라가
은하수 되었다.

단디 사랑 5
- 소리 문 열다

죽은 나뭇가지에
새 생명 돋아나는
향기 가득한 정상

소리는
법이다

열려라
참깨

열려라
소리 문

태초에
소리 문 열다

사랑은 꿈꾸는 것
사랑은 나의 구원.

단디 사랑 6
– 시간이 얼마 남지 않았다

감나무 둥지를 오르내리는
까치 한 쌍을 바라볼
시간이 얼마 남지 않았다

이른 봄 시멘트 틈에 피어나는
민들레를 바라볼
시간이 얼마 남지 않았다

바라볼
시간이 얼마 남지 않았다

용기를 줄
시간이 얼마 남지 않았다

지혜를 줄
시간이 얼마 남지 않았다

아낌없이 일할
시간이 얼마 남지 않았다

여행할
시간이 얼마 남지 않았다

기뻐할
시간이 얼마 남지 않았다

슬퍼할
시간이 얼마 남지 않았다

사랑할
시간이 얼마 남지 않았다

사랑할 시간은
현재뿐

바로 지금이
내가 꿈꿔왔던 모습이다.

단디 사랑 7
– 사랑의 증거

밀밭 같은
풋사랑이다

딸기밭 같은
달콤한 사랑이다

안개 같은
황홀한 사랑이다

참나물같이
상큼한 사랑이다

꽃사과나무 향기같이
그윽한 사랑이다

백송이 장미같이
영원한 사랑이다

내가 만난 사람 중에서

가장 예쁜 사람이다

내가 만난 사람 중에서
가장 매력적인 사람이다

내가 만난 사람 중에서
가장 사랑스런 사람이다

오월 장미가 해마다
무수히 피는 것은

내가 당신을 영원히
사랑하고 있다는 증거다.

단디 사랑 8
– 다시는 철길로 다니지 않겠습니다

지름길 철길로
서울 가는 막내아들
배웅 나오시는 어머니
한 점 된다

아쉬워
뒤돌아보니
한 점 커진다

지름길 철길로 걸어오신다
하행선 열차는 다가오고
한 점 커진다

– 어머니
내려가세요 –

상행선 열차는
또 다시 다가오고

― 철길 위의 노인을 못 보았습니다 ―
상행선 기관사는 맹세하고

― 니 보고 싶어
자꾸자꾸 따라 갔다가
기차 오는 바람에
처박혀 죽는 줄 알았데이 ―

철길 옆 회양목 사이에
쪼그리고 계셨던 어머니

어머니
다시는 철길로 다니지 않겠습니다.

단디 사랑 9
― 봄 만찬

향긋한 향
미나리향

그리움의 향
쑥향

사랑의 향
봄 만찬

생각할 수 있다는 것만으로
행복합니다

바라다 볼 수 있다는 것만으로
행복합니다

무엇을 할 수 있다는 것만으로
행복합니다

곁에 있다는 것만으로도

행복합니다.

단디 사랑 10
– 행복한 사람

당신이 행복한 이유는

아름다운 영혼을 노래하는
사람이 있기 때문입니다

시처럼 생활하는
사람이 있기 때문입니다

미래를 위하여 살고 있는
사람이 있기 때문입니다

완성된 한 인간으로 인정해 주는
사람이 있기 때문입니다

인생을 걸고 귀한 친구로 인정해 주는
사람이 있기 때문입니다

가슴에 새겨 두고 그리워하는
사람이 있기 때문입니다

죽을 때까지 못 잊을
사람이 있기 때문입니다

마지막 사랑으로 생각하는
사람이 있기 때문입니다.

단디 사랑 11
— 당신은

말을 함부로 하지 않는
향기나는 사람입니다

자연과 더불어 사는
여유있는 사람입니다

천상 음식을 만드는
멋있는 사람입니다

영혼이 아름다운
평화로운 사람입니다

대화를 즐기는
연인 같은 사람입니다

겸손한 용기를 가진
솔직한 사람입니다

사랑의 말로

에덴동산을 만드는
신비한 사람입니다.

단디 사랑 12
- 빈 둥지 1

당신만 있으면
할 수 없었던 일이 있었던가

인생이란 무대에서
주인공으로

황제처럼
여왕처럼
살고 싶었다

어느 날
황혼 속으로
홀연히 날아가는
갈매기 한 마리.

단디 사랑 13
— 시건*)

그믐밤처럼
삶의 목적을 잃었습니다

나침반 잃어
세월을 헛되이 보냈습니다

개울물 말라
목이 말랐습니다

포로 수용소에서
서서히 죽어갔습니다

어느 봄날
복이 운명처럼 찾아왔습니다

어느 봄날
아름다움이 내게 다가왔습니다

새로운 빛을 보았습니다

새로운 꿈을 보았습니다
소중한 사랑을 보았습니다

건강을 잃어봐야
건강의 소중함을 알 듯이

고통을 맛보지 아니한 사람은
인생의 참맛을 모릅니다

사랑하는 사람이 있습니다
그분을 실망시킬 수 없습니다

당신의 오라버니가 되겠습니다
당신의 아버지가 되겠습니다

황토방 툇마루에
마주 앉아 된장찌개 끓여놓고
여린 호박잎으로 쌈해 먹고 싶습니다

진정한 환희는
고통 다음에 오기 때문에

요 마지막 단디 사랑
놓치지 않겠습니다.

---

*⁾ '철'의 경상도 지방 사투리

단디 사랑 14
– 큰일났다

황홀하여 입술 뜨거우나
불에 데이지 않으니 다행이다

얼마나 더 황홀할 것인지
그것이 궁금하다

콩깍지 씌어 날마다 눈멀었으나
더 잘 보여 다행이다

얼마나 더 눈멀어질지
그것이 궁금하다

날마다 보고 싶으나
스스로 선택한 고통이라
잘도 참아 다행이다

얼마나 더 보고 싶을지
그것이 궁금하다

사랑의 흔적
아물 날 없네.

단디 사랑 15
- 진심

소리가 들리지 않는 것은
걱정 되지 않으나
목소리 들을 수 없는 날이 올까
그것이 걱정이다

볼 수 없는 것은
걱정 되지 않으나
볼 수 없는 날이 올까
그것이 걱정이다

냄새 맡지 못하는 것은
걱정 되지 않으나
향기 맡을 수 없는 날이 올까
그것이 걱정이다

쓰러지는 것은
걱정 되지 않으나
걸어갈 수 없는 날이 올까
그것이 걱정이다

머리카락 빠지는 것은
걱정 되지 않으나
못 알아보는 날이 올까
그것이 걱정이다

모든 것과는 이별할 수 있어도
당신과는 이별할 수 없다

사랑 외에는
아무것도 중요하지 않다.

단디 사랑 16
– 매력적인 당신

세상 물정을
누구보다도 잘 안다

그런 당신도
가끔은 세상 물정을
모를 때가 있다

그러나
세상 물정 모른다고
인정하는 모습이
더 매력적이다

말에 실수가 없다는 것을
누구보다도 잘 안다

그런 당신도
가끔은 말에
실수가 있다

그러나
말에 실수가 있다고
인정하는 모습이
더 매력적이다.

단디 사랑 17
― 전화 온 줄 모르고

전화 온 줄 모르고
설거지했지

전화 온 줄 모르고
마실 갔지

전화 온 줄 모르고
꿈나라 갔지

사흘 만나고
평생 전화 한 번 못한 사람도 있다

사흘 만나고
평생 만나지 못한 사람도 있다

전화 받을 수 있는 것은
복이다

전화는

생명선이다.

단디 사랑 18
― 첫사랑 고백

갈매기 한 쌍이
짝짓기하는 바위섬

보리밭이 춤추고
유채꽃이 만발하다

구름과 숨바꼭질하는 석양은
바다를 눈부시게 한다

당신만을 사랑합니다
당신만을 바라보고 살겠습니다

노예가 되겠습니다
백성이 되겠습니다

너무 오래 기다렸습니다
사랑하지 않을 수 없습니다
제 사랑을 받아주시겠습니까
글쎄요

그대 두 뺨에
도화빛 감돈다

눈에 보이는
모든 색이 달라졌다.

단디 사랑 19
– 이야기 들려주는 여자

누가 시켜서
일하는 것이 아니라
일이 좋아서 하는 당신

항상 웃고
싫은 말 하지 않고
즐겁게 생활하는 당신

봄날
운명처럼 찾아온 당신

취미가 같아
여행처럼 살기로 했다

특기가 같아
그림처럼 살기로 했다

생각이 같아
친구처럼 살기로 했다

꿈이 같아
서로의 꿈을 소중하게 생각하기로 했다

대화가 잘 되어
무슨 이야기든지 하기로 했다

당신을 만난 후
다른 데 곁눈질하지 않기로 했다

전부를 바치는 사랑은 희생이다
전부를 바치는 사랑은 죽음이다

당신은 실감나게 이야기한다
당신의 이야기는 재미있다.

단디 사랑 20
― 운명을 걸고

운명을 걸고
당신께로 갑니다

세상의 인연 끊고
당신께로 갑니다

실핏줄 묶고
당신께로 갑니다

주인 노릇 포기하고
머슴 되어
당신께로 갑니다

당신만 바라보며
구름처럼 살겠습니다

당신만 생각하며
바람처럼 살겠습니다

당신만 생각하며
안개처럼 살겠습니다

당신만 생각하며
풀잎처럼 살겠습니다

선녀 날개옷에
바위가 닳아 없어질 때까지
아픔을 참겠습니다

벌거벗은 동상처럼
그대 옆에 서 있겠습니다.

단디 사랑 21
– 차이점

옛날의 그대는
종

지금의 그대는
자유인

옛날의 나는
자유인

지금의 나는
종.

단디 사랑 22
― 시골 장터

산나물 가지런히 늘어놓은
나무껍질 같은 할머니

노름할 생각에
닭 몇 마리 가져온
허리 굽은 할아버지

놀라지 말라고 호루라기 부는
뻥튀기 아저씨

김이 모락모락 나는
방금 찐 시루팥떡

굵은 완두콩 하나
가운데 얹혀있는
누른 밀가루 빵

젊을 때 호랑이 잡던 추억을
되새김질하는 할아버지

또 약주 드셨느냐고 바가지 긁는
할머니 입막음을 위해
간고등어 매어 둔 지팡이

사돈끼리 만나
아들 딸 손자 안부 묻는
왕대푯집

걸쭉한 재담에
발에는 찰찰이
등에는 둥근 북
왕자같이 잘생긴
신비스런 총각 약장수

살랑살랑 춤추며
신나게 창 부르는
공주같이 예쁜
처녀 약장수

침 넘어가게 묘기 부리는
차력사 아저씨

아들이 대견스러워
침이 마르도록 아들 자랑하는
비단장수 어머니

오늘도
옛 추억의 향기
어머니 땀 냄새 남아있는
시골 장터를 간다.

단디 사랑 23
— 소꿉놀이 1

뽀뽀하고
속옷 벗고
하품한다

오줌 누며
엉덩이 때린
양 손으로
모기 쫓는다

새근 새근
잠자는 천사

팔베개 해 주시겠습니까
둘이 눈감으면 되지요

이마에 된장 바르고
강가에 물수제비 뜨러간다

우리는

아기들인가봐

옥적의 소리가
보물이 아니라
아— 졸린 가슴 소리가
보물이다.

단디 사랑 24
– 소꿉놀이 2

숙박료
내야겠어요

이러다
쫓겨납니다

두 팔 올리고 벌 서든가
아니면 요강 들고 서든가

춥지 않아요
춥다 해도 옷을 드리지 않을 것이지만

암탉 죽지 속에 움츠리고
병아리 된 기분

돌아가신 울 엄마 왈

– 이눔아
치마폭에서 헤어나지 못하는구먼! –

본능을 그리워하는 사람이
진실된 사람이 아닐까요.

단디 사랑 25
– 진리

그대는 바다
나는 배

바다와 배는
헤어질 수 없어요

그대는 동생
나는 오빠

동생과 오빠는
헤어질 수 없어요

중요한 것은
사랑

가치 있는 것은
사랑

지금

타오르는 사랑보다
중요한 것은 없다

가장 좋은 날은
바로 오늘

오직
보석 같은 영혼만이 사랑한다

오직
순수한 영혼만이 사랑한다.

단디 사랑 26
− 당신만 여자로 보이니 어찌하겠습니까

하루 종일
전화 기다리다
죽을지도 모르겠습니다

하루 종일
생각하다
죽을지도 모르겠습니다

하루 종일
바라보다
죽을지도 모르겠습니다

하루 종일
일하다
죽을지도 모르겠습니다

하루 종일
사랑하다
죽을지도 모르겠습니다

다시 태어나도
지금처럼 살 거예요

지금 누구하고 있지요
그대하고 있지요

지금 누구하고 대화하고 있지요
그대하고 대화하고 있지요

당신을 만난 것은
생애 최고의 행운

당신만 여자로 보이니
어찌하겠습니까.

단디 사랑 27

― 사모곡

어머니의 시대가
서서히 막을 내리고 있다

비포장 자갈길
버드나무 가지 사이에
걸려 있는 석양처럼

그 파란 많던 인생이
꺼져가는 줄 모르고

아들 따라 나서는 어머니
마냥 즐거워
온갖 옛 이야기 쏟아놓는다

어머니
나이 갓 서른아홉

복사꽃 피던 봄날
청천벽력 같은 아버지의 죽음

운수사업이 잘되어
조랑말에서 대말로 바꾼 것이
광마일 줄이야

아버지는 말에 물린지 일 년 후
심장마비로 돌아가시고

울컥울컥 피 토한 것 같은
붉은 진달래는 온 산천 가득하다

여섯 살짜리 막내 여동생은
진달래 꺾어 머리에 꽂고
상여 주위를 춤추며 뛰어다녔다

밥그릇 다섯 개 엎어놓은 것 같은
어린 자식들과 어여쁜 마누라를 두고

아버지는 그렇게 먼 길을 떠나고
마흔여덟 해나 돌아오지 않는다

비료 줘서라도 빨리 키우고 싶다던 어린 자식들은
총장 교수 목사 간호사 되었다

첫째 아들은 작년 가을 대학 총장 되었고
징역 다니며 속 썩이던 둘째 아들은
읍내에서 아이들을 가르친다

데모하다 대학에서 쫓겨났다는
소문이 저자거리에 파다하다

진달래 꺾어 머리에 꽂고 춤추며
꽃상여 주위를 뛰어다니던 막내 여동생은
간호사가 되어 목사 사모다

나무껍질 같은 피부에
부엉이 같은 눈으로 사방을 두리번거린다

앵무새 같은 입은 오물오물
어린 새끼들을 굶겨 죽이지 않으려고

생존경쟁을 하다 보니
당신을 돌볼 여유가 생기지 않았다

의사는
- 더 해드릴 것이 없습니다
그냥 지켜봐 드릴 수밖에 없습니다 -

- 그저 맛있는 음식이나 드시게 하고
교회에 열심히 나가시면 됩니다 -

그 총기는 다 어디 가고
요일도 모르고
날짜도 모르고
시간도 모르고

무슨 일을 했는지 모른다
오전에 읍내 오일장에
갔다 왔는지도 모른다

이제는
저도 살만하지 않습니까

— 니가 취직하는 것만 보면
나는 마 눈을 감아도 여한이 없데이 —

둘째 아들 취직하자
약속을 지키시려고 하십니까

어머니
부디 건강하게
오래오래 사십시오.

제3부
산포에서

잃어버린 열쇠

소중한 것일수록
곁에 있을 땐 모른다

미치고 싶으나
미치지 않는다

울고 싶으나
눈물 나지 않는다

소중한 것일수록
떠난 뒤에 안다.

달

달은 콩깍지 타는 냄새
어둠에 익어 구수하다

달은 연기
나그네 발길을 멈추게 한다

달빛에 감싸인다
달빛에 황홀하다

달빛에 취한 두 다리
힘이 빠진다.

접시는 붙는다

스무 살 처녀와 어디론가 갔다. 시장을 지나갔다. 복잡한 인파 때문에 그녀를 놓쳤다. 찾아 헤매다 보니 그녀가 보였다. 그녀 옆에는 어머니와 여자 친구가 있었다. 여자 친구는 그녀에게 흰옷을 입혀 주었다. 붙지 않아 붙지 않아, 처녀 어머니는 총각들이 붙지 않아, 딸이 처녀로 살아온 것을 원망하였다. 집 주위를 보니 초상집이었다. 그 처녀가 죽은 초상집이었다. 그녀는 옷을 벗고 흰 수의로 갈아입더니 관 속으로 들어갔다. 흰나비가 되어 날아갔다. 상갓집에서 남자가 대문으로 나와 접시를 마구 던졌다. 접시가 박살났다. 그 접시는 시간이 지나면 붙는다고 했다. 접시는 붙었다. 접시는 붙는다. 그 후 그곳에서 그녀를 보았다는 소문이 났다. 그녀를 보았다. 그토록 찾아 헤매던 처녀였다.

낙인

담뱃불 끄기 위해
무심코 오줌 줄기에 갖다 대었다가
검은 무늬가 생겼다

소유를 확인하는 낙인은
기러기 모양이었다

이제
좆질하기도
힘들게 생겼다.

낙설

산까치 공기놀이하는
운무 자욱한 고향길에
소리없이 내려온다

젖가슴 아려오는
느티나무 개울가에
소리없이 내려온다

사슴 바라보는
계룡산 송림 위에
소리없이 내려온다

하늘의 무수한 영혼들이
소리없이 내려온다

그대 가슴에 내린 사랑
마음 도적질한 새까만 시린 속
평생 그리움을 안고 산다

진흙 속에서 조개를 만나고
조개 속에서 진주를 만났으니
조개 속의 진주도 좋아하지만
진주 품은 조개도 사랑한다.

산포에서

별 없는 산포를
떠나지 못하고 있다

낮에는
흰색 조약돌을 줍는다

밤에는
검은색 조약돌을 줍는다

그대 보고 싶을 때에는
별을 줍는다

별은
어둠 속에서만
빛을 발한다

성난 너울이
삼킬 듯이 달려든다

그대 오자
너울이 잠잠해진다.

4·19 공원

사진 없는
영정들을 향하여

마음 가지런히 모으고
고개 숙인다

피지 못한
꽃봉오리들이여

편안히
잠드소서.

엉덩이를 필요로 하는 세상

공원 뒤에 있는 극장에서 미행하는 남자. 이웃동네 처녀의 오빠일까. 계속 미행하여 아느냐고 물었다. 차 한 잔 하자고 한다. 관심이 많다고 한다. 술집으로 간다. 먹자골목 컴컴한 지하로 내려간다. 남자들이 버들피리로 노래를 부르고 있다. 안주 보고 술 먹고 술 보고 안주 먹었다. 남자는 아내도 있고 자식이 둘이라고 한다. 주위를 보면서 이 술집에 이상한 것이 없느냐고 했다. 이상할 것도 없는데 뭐가 이상한가요. 여기는 남자들만 오는 술집입니다. 당신 예쁜 엉덩이가 마음에 들었다고 말한다. 사랑한다며 조용한 곳에 가자고 한다. 똥구멍에 쇳소리 난다. 오싹한 등골에 식은땀이 흘러내렸다. 어느 날 보니 사랑하는 사람이 남자였을 뿐이다. 어느 날 보니 사랑하는 사람이 여자였을 뿐이다. 배꼽 밑은 상관없다. 엉덩이를 필요로 하는 세상을 보았다.

철쭉꽃

연화봉에
신발 벗어 놓고
당신을 볼 수 있는
세계가 있었네

관음봉에
옷 벗어 놓고
당신을 들을 수 있는
세계가 있었네

살아 있다는 것을 확인한
초여름 꽃향기
죽는 날도
오늘같이 황홀하겠지

죽음 같은 갇힌 몸에서
긴 터널을 벗어나면
눈부심이 기다리겠지

연화봉에
함초롬히 피어있는
철쭉꽃

시를 쓸 수 있는
세계가 있었네.

오징어

안주로 먹다 남은
뒷다리 몇 개

말라 뒤틀려
알아볼 수 없는 형태

형태는 변했으나
맛은 여전하다

고향
냄새난다

갯내음
그립다

사리 때
어촌 갯벌
바지락 캐는 꽃들이 그립다

— 애말이요*⁾

쪼깨 이따 거슥기 한잔 어때 이잉. —

---

*⁾ '여보세요'의 전라도 완도 지방 사투리

조도 멸치

어촌 앞바다
활개 치며 돌아다니던
때를 그리워하여
눈 돌아가고
입 찌그러졌다

비싼 기름값
걱정하다가도
쉴 수 없어 출어한
선장 아니었더라면
너를 만날 수 없었을 텐데

대가리 창자 버리고
몸통만 먹으면 안된다는
총각 선장

굵어서 맛좋은 대가리에
쇠파리 날아왔다

단단해서 맛좋은 대가리에
똥파리 날아왔다

어두육미제일미는
만고의 진리라는 것을
아는 놈들.

수탉소리

안개 덮인 새벽을 뚫고
태고에서 나오는 힘의 원천은
만남의 기쁨

사연 간직하고
새벽 첫차로 떠나는 님은
이별의 눈물

새벽만 되면
어김없이 찾아가는
꿈속에 본 낙원
첫사랑의 눈동자

쓰린 위벽을 뚫고
싸하니 전해오는 망각은 기억상실증

싸늘한 보금자리에서
잃어버린 잔영들이 되살아난다

야생 꿩이었던
옛날 생각이 싹튼다

건강하게 잠을 깨는 소리는
아득히 들려오는 동사지기 소리

부역하러 나오이소
곡괭이 삽 호미 가지고 나오이소

어머니의 새벽기도 소리
꼭꼬꼬- 옥.

월악산

깊은 산 생수는
소녀의 싱그러움

꽃향기 만발한 산천은
마음껏 뽐내는 싱싱함

한여름 밤의 꿈을 쫓아
연인들은 떠나간다

몸을 가볍게 하는 자만이
여행을 떠날 수 있다.

새싹

껍질
벗겨지는
아픔으로

지구에
거꾸로
매달려

미친 듯이
솟구치는

수많은
연초록 생명들.

질투

콩 팔러 가서 오지 않는
서방을 왜 기다려요

참한 새색시 만나
알콩달콩 잘 살겠지요

장보러 갔다가 색시 예쁘면
다음 장에 집에 온다지만

콩 팔러 가서
새색시하고 사는 것보다
불귀의 객이 되는 것이 낫지요

호박꽃도 꽃이고
할미꽃도 꽃이라오.

처갓집

저녁노을
아름다운 마을은
언제나 잔칫집

저녁노을
아름다운 마을은
언제나 흥겹다

앵두나무 가지에
달 뜨면
처녀총각
사랑방에 모이고

나는 새신랑
그대는 새색시.

제4부
억새풀

사소한 것은 없다

사소한 부주의로
태어나고

사소한 부주의로
죽어간다

사소한 부주의로
로마가 멸망했다

사소한 부주의로
인류는 멸망할 것이다

사소한 순간이
우리의 마지막 시간이다

작은 나사 한 개만 빠져도
시계가 멈추는 것처럼
사소한 것은 없다

세상은 한 치의 오차 없이
굴러간다

세상에는
아무리 사소한 것이라고 해도
사소한 것은 없다

세상에는
두 번 일어나는 것은
하나도 없다

사소한 것들이
바로 삶이다.

물잠자리

너는 외계인
어느 별에서 왔나

너는 외계인
어느 별에서 이별했나

너는 외계인
혼자 외롭지 않나

옆에 죽은 듯이 누워 있어도
이별보다는 낫지 않더냐

얼마나 가난했으면
벌거숭이로 팔려왔느냐

얼마나 그리워했으면
눈이 튀어 나왔냐

님 그리워서

달 보고 많이 울었겠다
얼마나 달려가고 싶었으면
다리가 그렇게 기냐

얼마나 춤추고 싶었으면
춤을 그렇게 잘 추느냐

시집살이 얼마나 힘들었으면
물 속에서 숨죽이고 있느냐

고향을 얼마나 사랑했으면
야반도주했겠느냐

노예 생활이 얼마나 힘들었으면
목매었겠느냐

스물넷
월남 처녀한테 장가가는 것
포기했다.

고수

좋아하는 것 같애
아니
사랑하는 것 같애

사랑하는 것 같애
아니
이미 사랑하고 있는 것 같애

당신과 나 사이
가까워졌다
몇 mm 가까워졌다

오늘도 몇 mm만 더
가까웠으면 좋겠다

오늘은 어제 같은
오늘이 될 수 없다.

제자리

지구를 떠나자
지구를 떠날 것까지야 있나
우리나라만 떠나면 되지

우리나라를 떠나자
우리나라를 떠날 것까지야 있나
고향만 떠나면 되지

고향을 떠나자
고향을 떠날 것까지야 있나
그냥 살면 되지

얼굴에 철판 깔아
갈수록 태산이네

가슴에
사랑 가득함이
느껴지네요.

다행

서산에 걸려 있는
반달

마당을 훤히 비추는
반달

볼일 보고
나와도

서산에 걸려 있는
반달

잠깐 한눈 판 사이
서산으로 넘어간 줄 알았다.

기우 杞憂

뜸북새의 울음은
오빠가 밤새워 우는 울음

건강하게
잘 있는지

별일 없이
잘 있는지

시집에서
업신여기지는 않는지

밤에는 진실만 남는다
낮의 기쁨 없는 거짓 사라지고.

보스턴 장터

붉은 벽돌 건물 옆
보스턴 장터

식품가게 앞에서
핫도그 햄버거 먹는 사람

포장마차에서
피자 먹는 사람

공으로 묘기부리는 사람
곤봉으로 묘기부리는 사람

합창하는 사람
기타치는 곳에
동전 던져주는 사람

아이스크림 먹으며 유모차 끄는 남편을
따라다니며 즐거워하는 아내

맛있는 것을
혼자 먹는 것은 죄악이다

경치 좋은 곳을
혼자 보는 것도 죄악이다

다음에는
혼자 가지 않을 것이다.

거미집

첫째 날
화장실 문을 막은
거미집을 걷어냈다

둘째 날
화장실 문을 막은
거미집을 걷어냈다

셋째 날
사랑채와 나란히
보석 같은 거미집을 지어
화장실 통행에 지장이 없다

아침 햇살에 영롱한
이슬이 거미집에 반짝이고 있다

잘못을 저지르고도
판판이* 뉘우치지 않는 인간은
짐승만도 못하다

삼은 신의 숫자
삼세번만에 뉘우치고
아름다운 거미집을 짓는
거미가 인간보다 낫다.

---

*) '번번이, 매번' 이라는 뜻의 경상도 경주 지방 사투리

억새풀

머리맡에
구수한 향기는
그대 향기

밤잠 설친다

억새풀은 사춘기
쪽빛 하늘을 향해
팔을 벌린다

갈색
녹색
회색
분홍색

억새풀 꺾다가
말벌에 쏘여
숨조차 쉴 수 없다.

허수아비

비가 오나 안개가 끼나
그리움 가득 안고
누군가를 기다리는 사람이다
항상 그 자리에서

바람이 부나 눈이 오나
그리움 가득 안고
누군가를 기다리는 사람이다
항상 그 자리에서

꼼짝 달싹 못하게
그리움 가득 안고
누군가를 기다리는 사람이다
항상 그 자리에서

혹시
나를 애타게 기다리는 사람은 아닐까.

감성돔

비온 뒤
맑은 아침 바다는
활동이 가장 많은
밤과 낮 사이

장도에 걸려 있는
저녁 햇살은
활동이 가장 많은
낮과 밤 사이

홍고시 미끼로 낚은
감성돔 다섯 마리

감성돔을 낚은 것이 아니라
감성돔이 찾아 온 것이다

활동이 많을수록
생명력은 강하고

생명력이 강할수록
맛은 쫄깃쫄깃하다.

모닥불

그리움이 차가운 마음을 태운다
나무는 타지 않으려 난간에 걸터앉는다
그러나 한순간에 불꽃 된다

희생이 높아지려는 마음을 태운다
나무는 타지 않으려고 난간에 걸터앉는다
그러나 한순간에 재 된다

섬김이 교만한 마음을 태운다
나무는 타지 않으려고 난간에 걸터앉는다
그러나 한순간에 흙 된다

젊음은 늙음을 바라본다
늙음은 젊음을 바라본다

삶이 죽음인가
죽음이 삶인가

왔던 곳으로

조금씩 돌아가는 것이다
왔던 곳으로
조금씩 사라지는 것이다.

죽음 1
― 상가에서

바람 한 줌 일렁이다가
계곡으로 돌아간다

한 티끌로 왔다가
한 줌 재로 돌아간다

없던 곳에서 왔다가
없던 곳으로 돌아간다

울 일도 없고
웃을 일도 없다

안타까워할 필요도 없고
시원하다 할 필요도 없다

우리도 이 세상에
살 날이 얼마 남지 않았다

그저 흘러가는 강물을

지그시 바라다볼 뿐

이제는
뻥튀기 소리에
커피잔 흔들린다고
혈서 쓰는 일은 없을 것이다

이제는
문풍지문 사이에
모기 날아 온다고
혈투 신청할 일은 없을 것이다.

죽음 2
– 화장터에서

그 많은 세월 동안
얼마나 외로웠느냐

님은 오지 않는데
얼마나 기다렸느냐

기다리다 기다리다
얼마나 목이 매였느냐

좋은 집 구하러 가자더니
뜨겁지 않더냐

스물 다섯
꽃다운 나이에

죽음이
쾌락이더냐

죽는 것이

무섭지 않더냐

현정아
불났다
빨리 나오너라.

죽음 3
– 말벌

농약 사용 금지 덕에
말벌집이 네 군데 생겼다

대문 기둥 옆에
매달려 있는 침 빠진 말벌

처음이자 마지막 한 개뿐인
침 쏘고 죽어간다

숨 헐떡거리며
아무것도 할 수 없다

죽이고
죽고 싶도록 미웠느냐

감나무 아래 담장 중간에 있는
말벌집 구멍

감나무 아래 청소하는 것을

벌집 침입자로 착각했다

죽으려면 산다는 말도 틀린 말이다
죽으려면 죽을 뿐이다

검지와 팔꿈치 겨드랑이
주먹만큼 부어오른 놈 중에
겨드랑이 제일 크다

겨드랑이에 매달려
안방까지 따라와 쏜 놈은
나에게 원한이 있는 놈이다

한 방 쏘고 죽는 놈들 덕에
제삿날 될 뻔했다

성묘하다 말벌에 쏘여
돌아가신 영령들 앞에 명복을 빈다.

빈 둥지 2

오르락 내리락
나뭇가지 입에 물고 나르던
암수 까치 두 마리
보이지 않은지 오래다

둘째 아들 따라
도회지 아파트로 간 지촌댁은
오지 않을 모양이다

감자 심고
남은 씨감자 삶아 주던 예천댁은
아파서 아들 집으로 갔다

엄나뭇잎 장아찌
비닐에 싸주던 윤보살 기호댁은
주유소 하는 아들집에 가고 안 온다

언제든지 상추 따다
쌈 싸먹으라던 보살 선동댁은

위암 수술하고부터는
마실 출입도 않는다

늙은이 이 빠지듯
빈 둥지
하나 둘
늘어난다.